Lucy Daniels

Tierklinik Pfötchen
Kleiner Fuchs in Not

Alle Titel von **Tierklinik Pfötchen**:

Lucy Daniels

Tierklinik Pfötchen

Kleiner Fuchs in Not

Aus dem Englischen übersetzt
von Sandra Margineanu

 Band 3

Mit besonderem Dank an Lucy Courtenay

ISBN 978-3-7432-0545-1
1. Auflage 2020
erschienen unter dem Originaltitel *Animal Ark – Fox Cub Danger*
Copyright Text: © 2018 Working Partners Limited
Copyright Innenillustrationen: © 2018 Working Partners Limited
Copyright Umschlagillustration: © 2020 Jo Anne Davies
Alle Rechte vorbehalten.
Erschienen in der Originalserie *Animal Ark*
Für die deutschsprachige Ausgabe © 2020 Loewe Verlag GmbH, Bindlach
Aus dem Englischen übersetzt von Sandra Margineanu
Umschlaggestaltung: Johanna Freter
Printed in the EU

www.loewe-verlag.de

Inhalt

Der Foto-Wettbewerb

Das Kätzchen mit dem rot-orangefarbenen Fell krabbelte unter Amelies Pullover, streckte sein Köpfchen aus dem Kragen heraus und schlug spielerisch nach Amelies langen blonden Haaren.

„Ich glaube, **er mag mich**", sagte Amelie lachend.

Ihr Freund Sam grinste sie an. Er streichelte gerade eine der drei gefleckten Schwestern des kleinen Katers. Die anderen beiden tapsten über

den gefliesten Boden des Behandlungszimmers in der *Tierklinik Pfötchen*. Die Katzenmutter, Karamell, lag zusammengerollt auf einem Kissen in der Ecke und schlief.

Sams Kätzchen kletterte an seinem Arm hoch und dann auf seinen Kopf. „**He!**", rief er und hob es mit einem Lachen wieder herunter. „Ich bin doch kein Katzenbaum!"

Er setzte die Kleine auf dem Boden ab und Amelie legte den Kater daneben.

Mit zitternden Schwänzen und gespitzten Ohren rollten und jagten die vier Kätzchen sich über den rutschigen Boden. Als Sam und Amelie die vier gefunden hatten, waren sie noch hilflose Neugeborene gewesen. Ihre Ohren lagen eng an ihren Köpfen an und ihre Augen waren damals noch geschlossen. Jetzt aber waren ihre grünen Augen weit geöffnet, ihre Schnurrhaare wackelten aufgeregt auf und ab und ihre Ohren waren aufmerksam gespitzt.

„**Es ist so schön**, dass wir schon für zwei von ihnen ein neues Zuhause gefunden haben", sagte Amelie, während sie dabei zusah, wie die Kätzchen mit ihren kleinen Pfötchen spielerisch miteinander kämpften.

„Zwei brauchen aber noch eins", meinte Sam.

Amelie und Sam waren fest entschlossen, für alle vier Kätzchen ein passendes Heim zu finden, wo sie es gut haben würden, wenn sie alt genug waren, sich von ihrer Mutter zu trennen. Amelie hoffte, dass Mr und Mrs Hope, die Tierärzte der Klinik, dann endlich auch erkennen würden, dass sie und Sam verantwortungsvoll genug waren, um regelmäßig in der Tierklinik mitzuhelfen. Sie konnte sich nichts Schöneres vorstellen, als jeden Tag mit Tieren zu verbringen.

Amelie wünschte, sie könnte selbst ein Kätzchen behalten. Aber sie und ihre Mutter waren gerade erst zu ihrer Oma nach Welford gezogen und noch dabei, sich an ihr neues Leben zu gewöhnen. Außerdem besuchte Amelie jedes zweite Wochenende ihren Vater in York. Mit einem

Haustier würde das schwierig werden. „Ich muss jetzt einfach so viel wie möglich mit den Kätzchen spielen", dachte sie.

Eine Frau in einem weißen Arztkittel und mit roten Haaren schob ihren Kopf durch die Türöffnung.

„Schön zu sehen, wie aufgeweckt die Kätzchen inzwischen sind", sagte Mrs Hope. „Ihr macht das **wunderbar!**"

„Wir machen das liebend gern", sprudelte Amelie hervor.

Sie wurde rot vor Stolz. Sam und sie spielten nicht nur zum Spaß mit den Kätzchen, sondern gewöhnten sie dadurch auch an Menschen, damit sie später mal glückliche Haustiere werden würden. **„Ehrlich**, Mrs Hope, wir könnten den ganzen Tag mit ihnen spielen."

Mrs Hope lachte und ihre Nase kräuselte sich dabei. **„Vielen Dank**, euch beiden", sagte sie. „Ihr helft uns und den Kätzchen damit sehr!"

Amelie warf Sam einen zufriedenen Blick zu. Ihr Freund sah auf die Uhr. **„Ups**, es ist ja schon elf", sagte er und stand auf. „Mama und Papa wollen, dass ich im Gästewohnzimmer aufräume. Mac ... äh ... hat etwas Unordnung gemacht."

Mac war Sams Welpe. Er war sehr süß, aber auch sehr frech und stellte ständig irgendwelchen Unsinn im Gästehaus von Sams Eltern an.

16

„Ich komme mit und helfe dir", bot Amelie an.

Sie brachten die Kätzchen zurück in ihr Gehege, wo sie sich an Karamells weiches Fell
kuschelten. Dann gingen Amelie und Sam in den
Empfangsraum. Julia Kaminski, die Empfangs-
dame, hängte gerade ein Poster an die Pinn-
wand.

Tierfoto-Wettbewerb!

Knuffiges Kaninchen?
Süßer Sittich?
Schönes Schaf?

Zeig uns dein bestes
Foto und gewinne
einen tollen Preis!

„Das war Mrs Hopes **Idee**", erklärte Julia und fuhr mit ihrem Rollstuhl zum Empfangstresen zurück. „Es ist bestimmt für alle spannend, zu sehen, welche wunderbaren Tiere es hier bei uns in Welford gibt."

Amelie drehte sich aufgeregt zu Sam um. „Wir

 sollten ein Foto von Mac knipsen und auch bei dem Wettbewerb mitmachen."

„Wenn er lange genug stillhält", scherzte Sam. „**Komm.** Mama und Papa fragen sich bestimmt schon, wo ich stecke."

Mac außer Rand und Band

Sie liefen gemeinsam zum Gästehaus *Zur Alten Mühle*. Für Amelie war das Leben in Welford immer noch ungewohnt. In York roch es nach Abgasen und nassen Gehwegen. In Welford duftete es frisch und nach grünen Wiesen. Und überall gab es Tiere — Enten schwammen auf

dem Teich, Tauben hockten auf den hoch über dem Boden verlaufenden Stromkabeln und eine Katze lag faul auf einem Mauerpfosten und beobachtete sie. Amelie wünschte, sie hätte ihre Kamera dabei.

Die gelbe Eingangstür des Gästehauses stand offen. Die Kinder betraten die Eingangshalle, wo ein Empfangstresen stand und ein Gestell mit Prospekten für die Touristen. Mac wetzte schwanzwedelnd und vor Aufregung hechelnd auf sie zu. Amelie kniete sich hin und streichelte über sein kurzes, struppiges weißes Fell.

„**Hallo**, Mac", begrüßt Amelie ihn. „Ich freue mich auch, dich zu sehen." Da ertönten aus einem der Zimmer auf einmal laute Stimmen. Amelie sah Sam verwundert an. „Was ist denn da los?"

Sam runzelte die Stirn. „Ich weiß es nicht, aber es kommt aus dem Aufenthaltsraum."

Sam sprintete den Flur entlang und Amelie folgte ihm. Mac versuchte, mit ihnen mitzuhalten. Seine Krallen klackerten über den Holzfußboden. Dann blieb Sam stehen, drehte sich zu Amelie um, legte einen Finger auf die Lippen, um ihr zu zeigen, dass sie ganz leise sein mussten, und schlüpfte vorsichtig in den Raum. Durch die Tür sah Amelie, dass die Wände gelb gestrichen waren. Ein dicker, weicher Teppich lag auf dem Boden und ein großes helles Sofa war zu

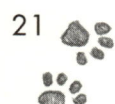

erkennen. Auf dem Boden lagen überall Kissen,
Bücher und andere Sachen verstreut. Einige
Möbel waren in die Mitte des Raums geschoben.

„**Oh**", murmelte Sam. „Es ist noch viel unordent-
licher als vorhin."

Mr Baxter krabbelte auf Händen und Knien
und linste unter das Sofa. Von Mrs Baxter sahen
sie nur einen Umriss hinter
den langen weißen
Gardinen.

„**Hallo**, Mama,
hallo, Papa",
sagte Sam. „**Äh** ...
habt ihr etwas
verloren?"

„Mr Freds Motorrad-
handschuhe", antwortete

Mrs Baxter und kam hinter dem Vorhang hervor. Normalerweise sah sie immer sehr schick aus, aber heute waren ihre Haare verwuschelt, ihre Bluse knittrig und sie runzelte sorgenvoll die Stirn. „**Oh, hallo**", sagte sie, als sie Amelie bemerkte. „Heute Morgen hingen die Handschuhe noch auf der Wäscheleine, aber jetzt sind sie verschwunden."

„Weil dieser Hund sie gestohlen hat", polterte eine Stimme.

Amelie zuckte zusammen. Mr Fred, ein Stammgast, stand hinter ihr und machte ein wütendes Gesicht. Mit seinem Bart erinnerte er

23

Amelie an einen Bären, der zu früh aus dem Winterschlaf erwacht war.

„Diesem Tier traue ich alles zu", knurrte Mr Fred. „Wenn Sie meine Handschuhe nicht finden, komme ich nie wieder in dieses Gästehaus!" Er stampfte davon. Amelie hörte seine schweren Schritte auf der Treppe, als er nach oben in sein Zimmer ging.

„Mac war es nicht", sagte Sam und verschränkte die Arme.

Mr Baxter richtete sich auf. „Es wäre nicht das erste Mal, dass Mac etwas genommen hat, das ihm nicht gehört, oder? Denk doch nur an meine Zahnbürste!"

„Aber die Handschuhe hat er nicht geklaut", protestierte Sam. „Er ist doch viel zu klein, um an die Wäscheleine zu kommen."

 24

Mrs Baxter legte einen Arm um Sams Schultern. „Wir können Mac nicht behalten, wenn er unsere Gäste vergrault, Sam", sagte sie sanft. „Er ist ein **süßes Kerlchen**, aber er macht mehr Ärger, als wir erwartet haben. **Es tut mir leid**, Schatz, aber wenn es so weitergeht, müssen wir ein neues Zuhause für ihn suchen."

Amelies Herz zog sich schmerzhaft zusammen, als sie Sams verzweifeltes Gesicht sah. Er löste sich von seiner Mutter, nahm Mac auf den Arm und rannte aus dem Zimmer.

Amelie ging ihm in den Garten nach. Dort saß er auf einer Bank und wischte sich mit dem Ärmel über das Gesicht. Mac schien zu spüren, dass Sam traurig war, denn er lag zu seinen Füßen, hatte den Kopf auf die Pfoten gestützt und ließ die Ohren hängen.

Amelie setzte sich zu Sam auf die Bank. „Es wird schon alles wieder gut", sagte sie. „Wir können Mac beibringen, dass er keine fremden Dinge nehmen darf. Wir haben ihm schließlich schon eine Menge beigebracht, stimmt's? Er kaut auf nichts mehr herum und er hat schon ewig nicht mehr im Haus Pipi gemacht."

Sam nickte und sein Gesicht hellte sich etwas auf.

„Lass uns mit ihm Gassi gehen", schlug Amelie vor. „Wir können ein paar Kommandos mit ihm üben. Was meinst du?"

„**Das ist eine gute Idee**", meinte Sam. „Danke, Amelie." Er rannte ins Haus, holte Macs Leine und machte sie an dessen Halsband fest. „**Bei Fuß**, Mac", sagte er.

Mac lief brav neben Sam her die Einfahrt hinunter. Sie gingen zu dem kleinen Waldstück, das auf der anderen Straßenseite lag und bogen in einen

Waldweg ab. Zwischen den Bäumen war es kühl. Die Blätter raschelten friedlich.

„Er macht es gut, oder?", fragte Sam und blickte stolz auf Mac hinab, der neben ihm lief.

Über ihnen zwitscherte es plötzlich laut. Ein

Rotkehlchen flatterte über ihnen und landete schließlich direkt auf dem Pfad. Seine roten Brustfedern leuchteten hell.

„**Hallo!**", rief Sam und wandte sich zu Amelie um. „Ich sehe es fast jeden Tag, wenn ich mit Mac Gassi gehe. Wenn man die Augen offen hält, lernt man den Wald und seine Bewohner ziemlich schnell gut kennen." Er deutete durch die Bäume auf einige staubige Löcher auf einer Lichtung. „Siehst du das? Das ist ein Dachsbau."

„**Wahnsinn!**", staunte Amelie.

„Du weißt echt viel über wilde Tiere.

Glaubst du, wir sehen ein paar Dachse?"

Sam grinste und schüttelte den Kopf.

„Den Bau haben sie schon vor langer Zeit ver-
lassen."

Das Rotkehlchen zwitscherte laut und flog
davon. Mac machte einen Satz, um nach den
Federn zu schnappen, und stürmte schließlich
mitten durch die Bäume davon. Dabei wurde
Sam die Leine aus der Hand gerissen.

„**Mac!**", rief Sam erschrocken. Er schlug die
Hände über dem Kopf zusammen. „**Oh nein**,
eben hat er sich doch noch so gut benommen."

„**Komm zurück**, Mac!", schrie Amelie.

Sie rannten dem Welpen hinterher und sprangen über Äste und Farne. Ein Stück entfernt stand

ein großer Junge in Jeans und grünem Kapuzen-
pulli. Er blickte konzentriert durch eine Kamera.
Mac rannte direkt auf ihn zu!

„Er rennt ihn gleich um", dachte Amelie.

„Pass auf!", rief sie.

Der Junge senkte die Kamera. Als er Mac sah,
hob er sie erneut und drückte auf den Auslöser.

Danach schob er
die Kamera blitzschnell zur
Seite und fing den Welpen auf.

„**Hey!**", lachte er. „Wohin so eilig?"

Begeistert schleckte Mac dem Jungen quer über
das Gesicht. Amelie erkannte ihn jetzt. Es war
Jonas Clary, ein älterer Junge aus der Schule.

31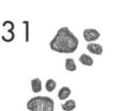

Er hatte braune Augen und mehr Sommersprossen, als Amelie je gesehen hatte. Die Farbe seiner Haare erinnerte sie an das Fell des kleinen rot-orange-farbenen Katers.

„**Entschuldige**, Jonas", sagte Sam und holte keuchend Luft. Er griff nach Macs Leine. „Hoffentlich hat er dein Foto nicht ruiniert."

Jonas streichelte über Macs Ohren. „**Keine Sorge**, ich wollte ein Bild von einem Reh machen, aber es war sowieso schon weg." Er wandte sich an Amelie. „**Hallo**", sagte er. „Wir kennen uns doch aus der Schule, oder?"

„Ich bin in Sams Klasse", erwiderte Amelie.

 32

„Aber erst seit Kurzem. Du bist eine Klasse über uns, richtig?"

Jonas nickte. „Geht ihr zurück ins Dorf? Dann komme ich mit euch."

Unterwegs besah sich Jonas die anderen Bilder, die er heute gemacht hatte. Er zeigte ihnen ein besonders gutes Foto von einem Specht auf einem Ast, der den Kopf schief hielt. Da fiel Amelie etwas ein.

„Hast du schon von dem Tierfoto-Wettbewerb in der Tierklinik gehört?", fragte sie ihn.

Jonas' Augen leuchteten auf. „Nein, aber das klingt **sehr cool**!"

Sie traten aus dem Wald und liefen an dem kleinen Supermarkt von Welford vorbei, als Mac plötzlich heftig an der Leine zog.

Er wollte zu einem roten Auto, das vor dem Laden parkte.

„**Hör auf**, Mac!", schimpfte Sam keuchend. Es war anstrengend, den kleinen Hund unter Kontrolle zu halten.

„Was will er denn an dem Auto?", fragte Amelie.

„Da sitzt ja nicht mal jemand drin", meinte Jonas.

Amelie ging langsam zu dem Auto hinüber. Sie kniete sich hin, sah darunter und schnappte überrascht nach Luft. Neben dem einen Reifen saß ein rot-orangefarbenes Tier mit länglicher Schnauze und einem flauschigen Schwanz.

„Hier ist ein Fuchs!", sagte sie.

Ein Unfall mit Folgen

Der Fuchs legte seine Ohren mit den schwarzen
Spitzen eng an den Kopf an. Er war kleiner als
ein Hund und sein Gesicht fast so zierlich wie das
einer Katze. Ein Ohr war verletzt
und blutete. Seine schwarzen
Knopfaugen glühten wild. Sam
und Jonas knieten sich neben
Amelie und warfen einen Blick
unter das Auto.

36

„**Oh**", hauchte Jonas.

„Sein linkes Ohr blutet", sagte Sam. Der Fuchs fauchte und zeigte ihnen seine spitzen Zähne.

Schnell zogen sie sich zurück, um das verletzte Tier nicht zu reizen.

Mac winselte und versteckte sich hinter Sams Beinen.

„Ich glaube, er ist schwer verletzt", meinte Amelie. „Sonst wäre er doch vor uns weggelaufen, oder?"

Sie betrachtete die Straße und den Wald auf der anderen Seite. **Was war passiert?**

Sie bückte sich und warf noch einmal einen Blick auf den Fuchs. Er hechelte und fauchte wieder. Amelie wollte ihm unbedingt helfen, aber wenn sie ihm zu nah kam, würde er sie bestimmt beißen.

„Wir können ihn nicht hierlassen", meinte Sam.

„Mr und Mrs Hope wissen mit Sicherheit, was zu tun ist", sagte Amelie. „Besser, wir rufen in der *Tierklinik Pfötchen* an."

Jonas, Sam und Mac gingen in den Supermarkt, um von dort zu telefonieren. Amelie blieb draußen bei dem Fuchs. Er beobachtete sie ängstlich.

„Du bist jetzt in Sicherheit", flüsterte sie sanft. „Wir werden dir helfen."

Der Fuchs sah sie stumm an, nur seine Schnurrhaare bewegten sich sacht.

„**Gut**, dass ihr ihn gefunden habt", sagte Mrs Hope, während Mr Hope mit dem Fuchs zum Röntgen ging. Die Tierärzte hatten den Fuchs mit ihrem Wagen abgeholt und ihm ein Beruhigungsmittel gegeben, damit er einschlief. Dann waren sie alle zur Tierklinik gefahren.

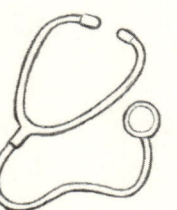

„Ich glaube, sein Bein ist gebrochen", erklärte Mrs Hope und führte Amelie, Sam und Jonas in den Warteraum. „Es wäre ihm schlimm ergangen, wenn ihr uns nicht angerufen hättet."

„Eigentlich hat Mac ihn gefunden", sagte Sam stolz. „Er ist ein **Held**."

„Ja, das ist er", sagte Mrs Hope und streichelte den Welpen. „Es wird nicht lange dauern, bis wir ein Ergebnis haben. Wenn ihr hier wartet, sage ich euch Bescheid, wenn die Röntgenaufnahme fertig ist."

Sie setzten sich auf die gemütlichen Stühle gegenüber des Empfangstresens. Amelie zeigte Jonas das Poster von dem Foto-Wettbewerb.

Jonas machte ein nachdenkliches Gesicht. „Es werden bestimmt ganz viele Fotos eingereicht",

40

sagte er. „Ich muss ein wirklich außergewöhn-
liches Bild machen. Aber von wem?"

Amelie sprang auf. „Von den **Kätzchen**!" Sie
wandte sich an Julia. „Dürfen wir zu Karamell
und den Kätzchen?"

„**Na klar**", sagte Julia, die gerade etwas in
den Computer eintippte. „Sie freuen sich bestimmt, euch zu sehen. Ich passe so lange auf
Mac auf."

Sam hängte Macs Leine über einen Haken an
der Wand, dann führten Amelie und er Jonas in
den Raum, wo die Katzen wohnten. Seit heute
Morgen waren weitere
Patienten dazugekom-
men: eine Schildkröte
mit geschientem Bein
und eine schläfrige Hündin

mit einem Plastikkragen um den Hals, damit sie nicht an der frisch genähten Wunde an ihrem Bein lecken konnte.

Sam öffnete Karamells Gehege. Die vier Kätzchen blinzelten zu ihnen hoch. Amelie hob den kleinen Kater hoch und reichte ihn Jonas vorsichtig.

„Die sind ja **niedlich**! Und der Kleine hier passt zu meinen Haaren", sagte er grinsend. „Wie heißen sie?"

„Ihre Mutter heißt Karamell", erklärte Sam. „Mr

Stevens, der Bauer, wird sie zu sich nehmen und die Kleine mit der weißen Schwanzspitze auch. Sie heißt Schneeglöckchen."

„Mrs Grantling hat dieses hier adoptiert", erzählte Amelie und zeigte auf das lebhafteste Kätzchen, das seinen eigenen Schwanz jagte. „Sie heißt Miss Sprudel."

„Wir brauchen noch ein Zuhause für das rot-orangefarbene und das vierte gefleckte Kätzchen", sagte Sam.

„Namen haben wir ihnen nicht gegeben", erklärte Amelie. „Uns würde der Abschied von ihnen sonst noch schwerer fallen."

In ihrem Kopf hatte Amelie natürlich hunderte Namen. Zimtstern und Chili gefielen ihr für den rot-orangefarbenen Kater am besten. Und für seine Schwester fand sie Sternchen schön, wegen des weißen Flecks über dem einen Auge, der wie ein fünfzackiger Stern geformt war. Sternchen blinzelte und Amelie streichelte ihr über das weiche Köpfchen.

Jonas gab Amelie den Kater zurück und schaltete seine Kamera an. Aber als er ein Foto machte, blitzte es so hell auf, dass die Kätzchen erschrocken Schutz unter einem Stuhl suchten.

„Tut mir leid", entschuldigte sich Jonas. Sam kroch unter den Stuhl, um die Kätzchen wieder hervorzulocken. „Ich schalte den Blitz aus."

„Ich glaube, ihm hat es gefallen", sagte Amelie und streichelte den rot-orangefarbenen Kater. Er zappelte in ihren Armen und streckte sich zur Kamera. Jonas hielt ihm die Kamera hin und der Kleine boxte mit den Pfötchen dagegen.

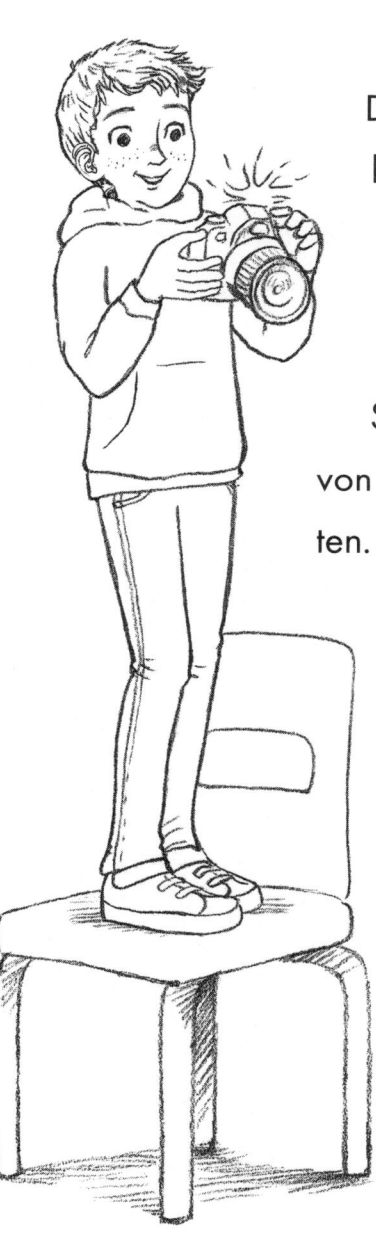

Die gefleckten Kätzchen krabbelten auf Sam herum, als wäre er ein Kletterbaum. Jonas stellte sich auf einen Stuhl und fotografierte sie von oben, während sie spielten. Bei jedem Bild klickte die Kamera.

Als er fertig war, sahen Amelie und Sam ihm über die Schulter dabei zu, wie er auf dem Bild-

schirm durch die Bilder blätterte. Jedes einzelne Foto war unscharf!

„Damit werde ich nichts gewinnen", sagte Jonas, aber er grinste trotzdem. „Die Kätzchen sind echt lustig."

„Welches ist das beste Foto, das du je gemacht hast?", fragte Amelie.

Jonas machte ein verlegenes Gesicht. „Letzte Woche habe ich ein paar Bilder gemacht, mit denen ich ganz zufrieden bin." Er blätterte weiter. Sam und Amelie betrachteten beeindruckt die Aufnahmen von einer Eule, die zwischen dunklen Ästen hindurchsegelte, einer Maus, die durch Blätter wuselte, und einem schleichenden Fuchs mit leuchtenden Augen.

Amelie überlegte, ob das der Fuchs war, den sie gefunden hatten. Aber dann erkannte sie,

 46

dass sein Schwanz viel
heller war.

„Wie bist du so nah an die
Tiere herangekommen?", fragte
sie.

„Meine Mutter ist Fotografin", erklärte Jonas.
„Sie hat mir geholfen, einen Unterschlupf zu
bauen, damit ich die Tiere beobachten kann,
ohne sie zu stören."

„Was für einen Unterschlupf?", fragte Sam.

„Er ist so ähnlich wie eine kleine überirdische
Höhle", erklärte Jonas. „Die Tiere können dich
nicht sehen, aber du kannst sie sehen."

Mr Hope streckte seinen Kopf durch die Tür.
„Die Röntgenaufnahmen sind fertig", sagte er.

Sie setzten die Kätzchen zurück zu Karamell in
das Gehege, dann folgten sie dem Tierarzt ins

Behandlungszimmer. Der Fuchs erholte sich in
einem Käfig und bewegte sich ab und zu im

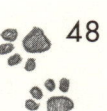

Schlaf auf seinem Wärme-
kissen. Um sein verletztes
Ohr war ein Verband
gewickelt. Amelie
bewunderte sein
dichtes rot-orange-
farbenes Fell, bevor sie ihre
Aufmerksamkeit auf die Röntgenbilder auf dem
Computerbildschirm richtete.

„Das sind die Knochen in seinem Bein", erklärte
Mr Hope und deutete auf die weißen Striche auf
dem Bild. „Wir dachten, sie wären gebrochen,
aber **zum Glück** sind sie es nicht. Aber er hat
schlimme Prellungen und Schrammen", fügte Mr
Hope hinzu. „Sein Ohr ist verletzt und seine

48

Krallen gesplittert. Wir glauben, dass er von einem Auto angefahren und ein Stück lang mitgeschleift wurde."

„**Armer Fuchs**", sagte Sam.

„Er wird sich bestimmt gut erholen", beruhigte

49

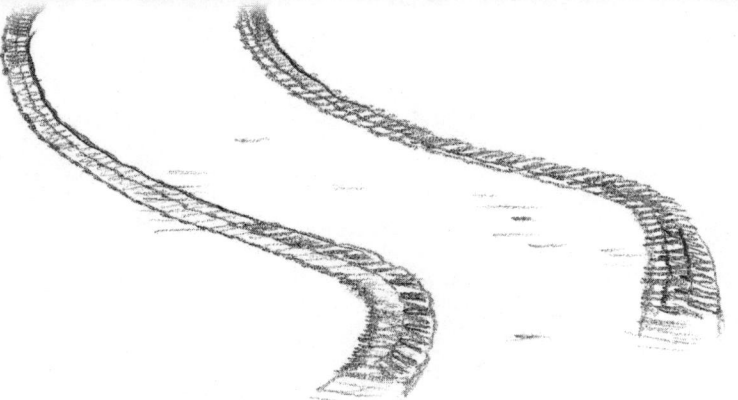

Mrs Hope sie. „Und dann lassen wir ihn wieder im Wald frei."

„Das Problem ist nur, dass wir ihn nicht dort freilassen können, wo ihr ihn gefunden habt", meinte Mr Hope. „Sonst wird er vielleicht wieder von einem Auto angefahren."

„Wenn wir nur wüssten, wo sein Bau ist", seufzte Mrs Hope. „Dort wäre er **sicher**."

Obwohl sie nicht wusste, wie ein Fuchsbau aussah, fühlte Amelie sofort die Entschlossenheit in ihrem Bauch aufsteigen. Sie sah Sam an und sein Gesichtsausdruck verriet ihr, dass er ganz genauso dachte wie sie. Dies war eine neue

 50

Gelegenheit, den Tierärzten zu beweisen, wie nützlich sie sich für die Tierklinik machen konnten.

„Wir finden seinen Bau", versprach Amelie. Auch wenn wir im Wald jedes Blatt zweimal umdrehen müssen, wir finden das Zuhause des Fuchses!

Das perfekte Bild

„Sam!", sagte Amelie bestimmt, als sie am nächsten Tag auf dem Parkplatz des Supermarkts standen. „Du hörst mir nicht zu!"

„Doch, tue ich, **ehrlich**", antwortete Sam ihr über die Schulter. Mac lief im Zickzack über den leeren Parkplatz und drückte die Nase auf den Boden. „Mac ist nur so aufgeregt, wieder hier zu sein."

Amelie war gestern noch lange wach gewesen

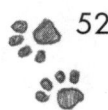

und hatte sich auf ihrem Tablet über Füchse infor-

miert. Ihre Träume waren voll von Füchsen und

Dachsen, Kätzchen und einem dunk-

len Wald gewesen. Sie wollte

Sam gerade erzählen, was

sie herausgefunden hatte,

als er aus dem Gleichgewicht geriet. Mac zog

ihn in alle Richtungen.

„Ein Fuchsbau ist meistens unter der Erde, aber

nicht immer", berichtete sie. „Die Löcher sind

meistens eher breit als hoch und am Ausgang

liegt immer viel ausgescharrte Erde."

„Erdhaufen, **alles klar**", keuchte Sam. „Unter-

irdischer Bau, alles klar. Hast du zufällig auch

etwas über Straßenbelag gelesen? Mac interes-

siert sich sehr für diesen Fleck da."

Mac schnupperte an einem Stück Asphalt, wo

der Parkplatz endete und die Straße anfing. Löwenzahn wuchs aus einem Riss im Straßenbelag. Amelie kniete sich hin und betrachtete die dunklen Flecken neben dem Löwenzahn. Sie kräuselte die Nase.

„Ich glaube, das ist Blut", sagte sie. Sam riss die Augen auf.

Das Auto, unter dem sich der Fuchs versteckt hatte, war nicht mehr da. Amelie und Sam

liefen über den Parkplatz und suchten nach Fell-
büscheln und weiteren Blutstropfen. Mac begrüß-
te jeden schwanzwedelnd, der vorbeikam.

Nach ein paar Minuten deutete Sam auf die
Straße. „Was ist mit den komischen Streifen da?",
fragte er. „Glaubst du,
die sind wichtig?"

Amelie betrachte-
te die seltsamen
Schnörkel. Sie führten
von einer Fahrbahnseite auf
die andere und wieder zurück. „Sieht
aus wie ... Bremsspuren", sagte sie.
„Als ob ein Auto etwas ausgewichen ist."

„Einem Fuchs", sagte Sam langsam.

Amelie nickte. „Das passt alles zusammen.
Blutstropfen und Bremsspuren ... Mr und Mrs

Hope glauben, dass der Fuchs angefahren wurde. Wenn wir noch mehr Hinweise finden, führen sie uns vielleicht zu seinem Bau."

Mac zerrte so heftig an seiner Leine, dass er beinahe nur noch auf den Hinterbeinen stand.

„Mac hat etwas gewittert", sagte Sam. „Vielleicht einen neuen **Hinweis**!"

„**Braver Junge**", lobte Amelie den Hund. „Zeig uns, was deine Nase dir verraten hat."

Mit wild wedelndem Schwanz führte Mac sie über die Straße – Amelie und Sam achteten natürlich auf den Verkehr – und in den Wald auf einen mit Farn und Brombeergestrüpp überwucherten Pfad. Plötzlich verließ Mac den Weg, riss Sam die Leine aus der Hand und düste bellend durch das Unterholz.

„Er hat etwas gefunden!", rief Sam.

„**Den Bau**", dachte Amelie voller Hoffnung.

Sie rannten Mac nach, sprangen über herabge-

fallene Äste und duckten sich unter Dornenran-

ken.

Mac blieb schließlich stehen. Amelie hatte das

Gefühl, ihr würde jeden Moment die Luft wegblei-

ben, als sie sah, an

was er schnupperte —

an einem Haufen

Tierkot unter einer

großen Eiche.

Mac warf sich auf

den Boden und

wälzte sich mit den

Beinen in der Luft

in dem stinkenden

Haufen.

„**Oh, Mac!**", stöhnte Sam. „Du solltest den Fuchsbau suchen und nicht einen Haufen Kacka!"

Amelie hielt sich die Nase zu. „Das ist **echt eklig**", sagte sie, aber sie musste bei dem lustigen Anblick trotzdem lachen.

Sam zerrte Mac aus dem Haufen. Das weiße Fell war jetzt mit schwarz-grünen Streifen verschmiert, aber sein Schwanz wackelte vergnügt hin und her.

„Ich habe gestern Abend nicht nur über Füchse, sondern auch ein bisschen über Hundetraining gelesen", erzählte Amelie. „Wenn ein Hund zu sehr an der Leine zieht, soll man den Spaziergang abbrechen."

„Okay", sagte Sam. „Jetzt müssen wir Mac sowieso erst mal baden."

Hinter ihnen auf dem Pfad hörten sie Schritte. Amelie drehte sich um und erkannte ihren Nachbarn, Dr. Kent, der in kurzer Hose, T-Shirt und blauen Laufschuhen auf sie zujoggte. Amelie sah ihn öfter morgens durch Welford joggen.

„**Oje**, was für eine Sauerei", sagte Dr. Kent und nahm die Ohrstöpsel aus den Ohren. „Fuchskot, oder? Mein Hund Monty rollt sich auch gern darin herum."

Amelie und Sam sahen sich an.

„Fuchskot?", wiederholte Amelie.

„Ja", bestätigte Dr. Kent. „Der Geruch ist so ... äh ... einmalig, dass man ihn leicht erkennt. Hunde pflegen sich nur zu gerne darin zu wälzen, um ihren eigenen Geruch zu übertönen, wenn sie auf die Jagd gehen. Aber sie machen es auch so gerne."

„Wir suchen nach einem Fuchsbau, Dr. Kent",
erklärte Amelie. Hoffnung stieg in ihr auf. „Haben
Sie in der Nähe einen gesehen?"

Dr. Kent schüttelte den Kopf. **„Leider nein.**
Aber beim Joggen im Wald sehe
ich öfter mal ein Fuchspaar."
Er steckte die Ohrstöpsel
wieder in die Ohren.
„Viel Glück bei eurer
Suche."

„Ein Fuchspaar",
wiederholte Amelie, als
Dr. Kent zwischen den
Bäumen verschwunden
war. Sie sah Sam an.
„Wenn es ein Paar
ist ..."

„Dann hat der verletzte Fuchs irgendwo eine Partnerin", ergänzte Sam.

„**Genau!**" Amelie grinste. „Und wenn wir seine Partnerin finden, führt sie uns hoffentlich zu ihrem Bau!"

„Wir kommen der Sache näher", sagte Sam. „Aber zuerst müssen wir Mac sauber machen. Ich kann den Gestank nicht mehr lange ertragen."

Zurück im Gästehaus wickelte Amelie den Gartenschlauch ab und Sam drehte das Wasser auf. Amelie zielte mit dem Strahl auf

Mac. Er bellte, sprang herum und schnappte nach dem Wasser. Sam versuchte, ihn festzuhalten.

„**He!**", spuckte Sam, als ihn der Wasserstrahl mitten ins Gesicht traf. „Mac muss duschen, nicht ich, Amelie!"

Aber er lachte und Amelie lachte auch. Sie kämpfte mit dem sich windenden und zappelnden Schlauch, aus dem das Wasser schoss. Bald war auch Amelie durchnässt.

Sam drückte sich Hundeshampoo in die Hände und rubbelte es in Macs Fell, bis es schäumte. Dann spritzte Amelie Mac von oben bis unten ab. Nicht lange und Mac war tropfnass. Sein Fell klebte an seinem Körper, sodass er nur noch halb so groß aussah wie sonst.

„Davon müssen wir ein Bild machen", sagte Sam kichernd. Er rannte ins Haus, um das Handy seiner Mutter zu holen. Amelie übernahm das Fotografieren. Sie wischte sich ihr nasses Haar

aus dem Gesicht, aktivierte die Kamerafunktion und nahm Sam und Mac ins Visier. In dem Moment, als sie auf den Auslöser drückte, schüttelte Mac sich und spritzte Sam und Amelie nass.

„**Genial!**", rief Sam, als Amelie ihm das Foto zeigte. Er grinste breit und Macs

Maul stand etwas offen, so als würde auch er lachen. Sam hatte die Arme um den Welpen gelegt und Wassertropfen flogen aus Macs Fell in alle Richtungen. „Vielleicht wirst du eines Tages Tierfotografin so wie Jonas' Mutter."

Amelie ließ beinahe das Handy fallen.

„Das ist es!", rief sie. „Jonas' Mutter – sie weiß bestimmt, wie man ein Tier aufspürt. Sie kann uns helfen, die Füchsin zu finden!"

Eine Nacht im Wald

Am nächsten Abend saß Amelie ungeduldig mit
untergeschlagenen Beinen auf dem Sofa. Sie trug
warme Kleidung und hatte ihre
grüne Lieblingsmütze aufgesetzt,
um im Wald gut getarnt zu sein.
Als es an der Tür klingelte, sprang sie
auf und öffnete schnell. Draußen in der kühlen
Luft standen Sam, Jonas und Jenny Clary, Jonas'
Mutter. Auch sie hatten warme Jacken an.

„**Los geht's!**", sagte Sam grinsend. „**Danke**, dass Sie uns helfen", wandte er sich an Jonas' Mutter.

„Holt euch keine Erkältung", sagte Amelies Mutter.

„Holt euch lieber einen Fuchs", meinte ihre Oma. Sie deutete auf die Kamera, die um Jonas' Hals hing. „Oder holt euch zumindest ein gutes Foto von ihm."

Wenige Minuten später waren Amelie und die anderen im Wald. Der Weg war im Dunkeln nur schwer zu erkennen. Jonas' Mutter ging mit einer Taschenlampe in der Hand voraus. Sie hatte ihre Nachtsichtkamera dabei. Im schummerigen Licht waren ihre langen roten Haare fast schwarz.

„Bleibt dicht zusammen", erinnerte sie die Kinder, als sie tiefer zwischen die Bäume liefen.
„Und seid so leise wie möglich, um die Tiere nicht zu stören."

Wo Lücken in den Baumkronen waren, schien

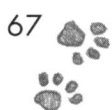

das Licht des Vollmonds in den Wald und malte silbrige Streifen auf Blätter und Sträucher.

„Nachts sieht es im Wald ganz anders aus", dachte Amelie. Der vertraute Weg fühlte sich unter ihren Füßen geheimnisvoll und fremd an. Im 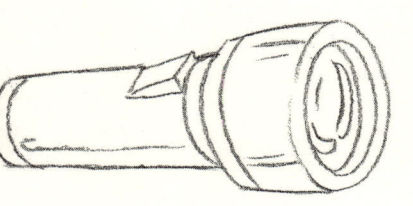 Unterholz raschelten kleine Tiere und Nachtfalter flatterten um den Schein der Taschenlampe. In der Nähe rief eine Eule und irgendwo in der Ferne quakten Kröten.

„Das ist **so toll**", wisperte sie Sam zu.

„Ja, schon", sagte er mit zitternder Stimme.

Direkt über ihren Köpfen schrie eine Eule. Sam unterdrückte einen Aufschrei. **„Was war das?"**

„Ein Waldkauz", flüsterte Jonas' Mutter. „Kein Grund zur Sorge."

„**Ein Glück!**", sagte Sam mit weit aufgerisse-
nen Augen.

Amelie kicherte. „Wir beschützen dich, Sam",
wisperte sie.

Tief in der Mitte des Waldes wurde der Pfad
schmaler. Zwischen den Bäumen gab es kaum
noch Lücken, es war sehr dunkel. Amelie bekam
eine Gänsehaut und sie zuckte zusammen,
als etwas ihr Bein berührte. „Nur ein
Blatt", beruhigte sie sich selbst. Das ist
alles. Langsam wurde sie so nervös wie
Sam. Hoffentlich finden wir die Füchsin bald.

Ein leises Flattern erfüllte die Luft. Dunkle Schat-
ten sausten aus den Bäumen und schossen wie
samtige Pfeile über ihre Köpfe hinweg. **Fledermäuse!** Amelie wusste, dass sie harmlos waren,
aber in der Finsternis sahen sie sehr unheimlich

aus. Eine flog so dicht an ihr vorbei, dass sie ihr Haar berührte. Amelie duckte sich.

„Scheuch sie **weg**!", kreischte Sam panisch. Er schlug mit Händen und Armen um sich, rannte los und war schnell nicht mehr zu sehen.

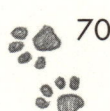

„**Sam, warte!**" Amelie eilte ihm nach und bemühte sich, nicht über die Brombeerranken zu stolpern, die im Dunkeln lauerten. Sie konnte fast nichts sehen. Sie wollte keine Tiere verschrecken — vor allem nicht die Partnerin des Fuchses, falls sie in der Nähe war. Deshalb rief sie nicht besonders laut nach ihrem Freund. „**Sam!** Sam, komm zurück!"

Er rannte immer noch vor ihr her. Amelie bekam Angst. Sie entfernten sich zu weit von den anderen. Sie beeilte sich. Ihre Mütze flog ihr vom Kopf und segelte zu Boden, aber Amelie blieb nicht stehen.

„Sam, wir sollen doch auf dem Pfad bleiben! Wo bist du?"

Sie stieß mit dem Arm schmerzhaft gegen einen Baum, der plötzlich vor ihr aufgetaucht war.

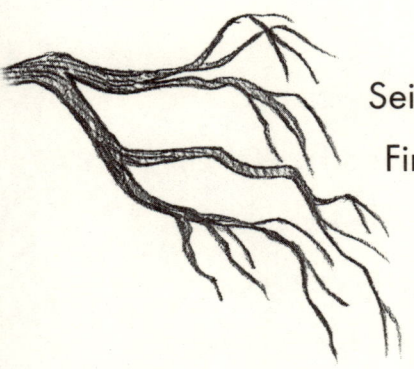

Seine Äste streckten sich wie lange Finger nach ihr aus. „**Sam!**"

Dann sah sie ihn. Er rannte nicht mehr, sondern stand auf einer kleinen, vom Mond beschienenen Lichtung. Er lachte vor Erleichterung kurz auf, als er sie sah.

„Die Fledermäuse haben mir so einen Schrecken eingejagt", erklärte er. „Ich bin einfach losgelaufen, **tut mir leid**."

„**Schon gut**", beruhigte Amelie ihn. „Aber ab

72

jetzt bleiben wir lieber zusammen. Lass uns zu Jonas und seiner Mutter zurückgehen."

Sie sah sich auf der Lichtung um. Aus welcher Richtung waren sie gekommen? Der Pfad war in der Dunkelheit verschwunden. Amelie stolperte über die Lichtung und Sam trottete hinter ihr her. Kalte Angst machte sich in ihrem Bauch breit. Sie hatten nicht nur Jonas und seine Mutter verloren, sondern auch den Weg zurück. Sie waren ganz allein im finsteren Wald.

„Das ist **schrecklich**", jammerte Sam. „Wir sind für immer verloren."

Amelie biss die Zähne zusammen. Es fiel ihr schwer, nicht in Panik zu geraten. „Uns passiert schon nichts", sagte sie so mutig sie konnte.

„Können wir um Hi...Hilfe rufen?", fragte Sam mit klappernden Zähnen.

73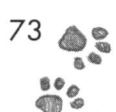

Amelie zwang ihr Herz, nicht so schnell zu schlagen. „Wenn wir rufen, verjagen wir die Tiere. Dann ist die Suche ganz umsonst gewesen."

Sam stöhnte. „Ich wünschte, Mac wäre hier."

„Ich auch ... **na klar!**"

„Sam", sagte Amelie. „Weißt du noch, als Mac den Fuchskot gefunden hat?"

„J...j...ja?"

 „Er ist einer Spur gefolgt. Wir müssen auch eine Spur hinterlassen haben, als wir eben durch den Wald gerannt sind." Sie sah nach unten. „**Los,** such nach einer Stelle, wo das Unterholz platt getreten ist."

Sie liefen über die Lichtung und suchten im

fahlen Mondlicht nach zertrampelten

Pflanzen. Amelie starrte so konzent-

riert auf den Boden, dass sie

beinahe gegen einen großen

Baum stieß, dessen Äste sich wie

Finger nach ihr ausstreckten.

„**Hier entlang**", sagte sie. „Ich erinnere mich

an diesen Baum!"

Amelie ging voran und führte sie über zertrete-

ne Farnblätter und geknickte Zweige. Plötzlich

entdeckte sie
etwas Glänzen-
des auf dem
Boden. Sie bück-
te sich, hob es
auf und wischte
den Dreck ab.

„Meine Mütze!", flüsterte sie erleichtert. „Wir sind auf dem richtigen Weg."

„**Sieh mal**, da drüben!", sagte Sam.

Der Strahl einer Taschenlampe leuchtete in den Bäumen auf. Amelie unterdrückte den Wunsch zu

rennen. Noch nie im Leben war sie über den
Schein einer Taschenlampe so froh gewesen. Sie
eilte auf das Licht zu, Sam war ihr dicht auf den
Fersen.

„**Gott sei Dank**", sagte Jonas' Mutter. „Eben

wollte ich nach euch rufen. Wir dachten schon, ihr hättet euch verirrt."

„Das haben wir auch", gestand Amelie ein wenig aus der Puste. „Habt ihr den Bau gefunden?"

„Noch nicht", antwortete Jonas und schüttelte den Kopf. „Wir suchen weiter."

Sie gingen weiter und kamen in einen Teil des Walds, in dem Amelie noch nie gewesen war. Hier war es viel verwilderter als dort, wo Sam und sie Dr. Kent getroffen hatten. Der Pfad war schmal, von beiden Seiten drängten sich Bäume heran. Die Blätter raschelten wie Hunderte wispernde Stimmen. Und dann hörten sie ein **seltsames Heulen** – es klang wie eine Mischung aus Katzenmiauen und Hundebellen.

Sam stöhnte. Amelie hielt die Luft an. „**Was war das?**", fragte sie mit klopfendem Herzen. So ein Geräusch hatte sie noch nie gehört.

Aber Jonas' Mutter lächelte sie an. „Das", wisperte sie, „ist ein Fuchs."

Der Fuchsbau

Amelie, Sam, Jonas und seine Mutter näherten sich schleichend dem Fuchsgeheul. Hinter den Bäumen konnten sie Autobrummen hören. Amelie begriff, dass sie in der Nähe einer Straße sein mussten. Sie waren einmal quer durch den ganzen Wald gelaufen. Der Fuchs bellte wieder, diesmal noch näher.

„Ich glaube, sie ruft nach ihrem Partner", flüsterte Jonas.

 80

Amelies Herz zog sich zusammen. Das Rufen klang **traurig**.

Sie betraten den Rand einer Lichtung, die von Birken gesäumt war. Jonas' Mutter legte den Finger an die Lippen. Amelie blinzelte in die Dunkelheit. Auf der anderen Seite der Lichtung befand sich zwischen dem Gestrüpp ein gras-bewachsener Hügel.  Direkt davor saß ein Fuchs mit blass oran-gefarbenem Fell, schmaler Schnauze und gespitzten Ohren. Amelie schlug sich die Hände vor den Mund, um nicht laut zu staunen.

„**Cool**", murmelte Sam neben ihr.

 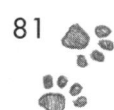

Die Füchsin legte den Kopf in den Nacken und stieß wieder ihr Rufen aus. Jonas drückte Amelie die Nachtsichtkamera in die Hände und zeigte ihr leise, welche Knöpfe sie bedienen musste und wie sie das Bild scharf stellen konnte. Amelie hob die Kamera vor ihre Augen. Sie war viel schwerer als ein Handy und schwieriger ruhig zu halten, aber sie sah die Füchsin nun gestochen scharf. Amelie sah die dunklen Flecken auf ihrer Schnauze,

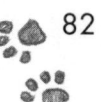

jedes Haar an ihren Ohren und die Spitze ihres prachtvollen Schwanzes.

„**Sie ist wunderschön**", hauchte Amelie.

Plötzlich bewegte sich etwas am Eingang des Baus. Vier kleine Ohrenpaare spitzten aus der Öffnung, gefolgt von vier Nasen und vier Paar glänzenden Augen. Die Füchsin hatte Junge! Ihr Fell war flauschiger als das ihrer Mutter und die Ohren wirkten an den kleinen Körpern riesig. Amelie sah grinsend zu, wie die Jungen überein-anderkrabbelten, sich jagten und sich gegenseitig in den Schwanz bissen. Sie erinnerten sie an Karamells Kinder.

Amelie reichte die Kamera an Sam weiter. Jonas klappte der Mund auf, als er die Jungen entdeckte. Seine Mutter keuchte überrascht auf und Sam lächelte entzückt. Dann riss Sam aber

plötzlich die Augen auf. Er gab Amelie die Kamera zurück. „**Sieh dir mal an**, mit was sie spielen", flüsterte er.

Amelie stellte die Linse scharf. Zuerst konnte sie nichts erkennen, doch dann sah Amelie fünf schwarze Finger. Die Fuchsjungen spielten mit einem von Mr Freds Motorradhandschuhen! Der andere Handschuh lag in Stücke gerissen neben dem Höhleneingang.

 84

„Ich wusste, dass Mac es nicht gewesen ist",
wisperte Sam. „Wir sind ganz in der Nähe des
Gästehauses, also passt das."

„Irgendwie müssen
sie die Handschuhe
von eurer Wäsche-
leine geschnappt
haben", sagte Amelie.

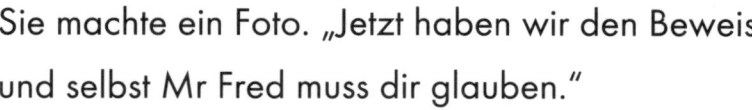

Sie machte ein Foto. „Jetzt haben wir den Beweis
und selbst Mr Fred muss dir glauben."

Jonas' Mutter machte noch mehr Fotos vom Bau
und der Umgebung. „Mit ihrer Hilfe finden wir
den Bau wieder", erklärte sie. „Wir gehen jetzt
besser. Wir wollen sie ja nicht stören."

Sie entfernten sich leise von der Lichtung. Amelie warf der Fuchsfamilie über die Schulter einen
letzten Blick zu. Die Jungen lagen ruhig auf dem

Waldboden. Still wie eine Statue saß die Fuchs-
mutter da und wachte über sie. Im Wald war
nichts zu hören — außer dem Brummen eines
Autos auf der Hauptstraße.

„Hier ist kein sicheres Zuhause für sie", dachte
Amelie. Sie mochte gar nicht daran denken, dass
noch ein Fuchs von einem Auto angefahren werden konnte. **Irgendetwas müssen wir tun**, um
ihnen zu helfen.

Ein neues Zuhause

Mrs Hope machte ein überraschtes Gesicht, als Amelie, Sam und Jonas bereits vor der Tür standen, als am Montagmorgen die Tierklinik öffnete.

„**Stimmt etwas nicht?**", fragte sie. „Habt ihr noch ein verletztes Tier gefunden?"

„Nein, nichts dergleichen", erwiderte Amelie. „Wir würden nur gern den Fuchs besuchen, bevor wir in die Schule gehen."

„Geht es ihm gut?", fragte Jonas.

„Ja, es geht ihm gut", antwortete Mrs Hope und ließ sie in die Klinik. „Wir haben ihm ein Gehege etwas abseits von den anderen Tieren eingerichtet, damit er es schön ruhig hat. Ihr wisst ja, dass er an Menschen nicht gewöhnt ist – oder an Hunde und Katzen."

Sie führte die Freunde zu der Tür eines Behandlungszimmers.

„**Da ist er**", sagte sie. „Gesund und munter, es geht ihm täglich besser. Aber geht nicht rein. Umso weniger Kontakt er mit Menschen hat, umso besser ist es für ihn."

Amelie, Sam und Jonas pressten ihre Nasen an der Scheibe platt. Der Fuchs bewegte sich schon viel geschmeidiger als bei ihrem letzten Besuch. Aber er war ruhelos und lief die ganze Zeit hin

und her. Nur ab und zu fraß er aus einer Futter-
schale.

„Wir denken, er ist bereit, in den Wald zurück-
zukehren", meinte Mr Hope, der sich zu ihnen
gesellt hatte. „Jetzt müssen wir nur noch seinen
Bau finden."

 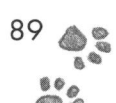

Amelie, Sam und Jonas grinsten sich breit an.

„Das haben wir schon geschafft", erzählte Amelie. „Gestern Nacht haben wir ihn gefunden."

„**Wirklich?**", fragte Mrs Hope. „Das ist ja wunderbar!"

 Die beiden Tierärzte machten zufriedene Gesichter und Stolz erfüllte Amelie. „Jonas, kannst du Mr und Mrs Hope die Fotos zeigen?"

Die beiden betrachteten die Bilder auf Jonas' Kamera. „Sieht nach einem gemütlichen Fleckchen aus", meinte Mr Hope. „Genug Deckung und Platz für die Jungen zum Spielen. Wo ist das?"

„Das ist das Problem", sagte Jonas. „Auf den

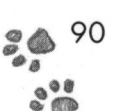

Fotos kann man es nicht sehen, aber ganz in der Nähe ist eine Straße."

„**Wir haben Angst**, dass noch ein Fuchs von einem Auto angefahren werden könnte", erklärte Amelie. Sie war heute Morgen sehr früh aufgewacht und hatte aus Sorge um die Füchse nicht wieder einschlafen können.

Mr Hope nickte ernst. „Das ist tatsächlich schlecht", stimmte er Amelie zu. „Vielleicht sollten wir die ganze Familie umsiedeln."

Mrs Hope runzelte die Stirn. „Sie brauchen einen geschützten Ort. Weit weg von der Straße und nicht in der Nähe von Menschen. Aber ein solcher Ort fällt mir nicht ein."

Eine Erinnerung rührte sich in Amelies Kopf.

Sie hatte vor Kurzem so einen Ort gesehen, da war sie sich sicher. Aber wo? **Los**, erinnere dich!

„Wir können uns ja alle noch Gedanken darüber machen", sagte Mr Hope. „Aber müsst ihr jetzt nicht in die Schule?"

Amelie durchforstete immer noch ihr Gedächtnis, als sie zurück in den Empfangsraum gingen. Sie erinnerte sich an Löcher, die in den Waldboden gegraben waren. Löcher, groß genug für ...

„Dachse!", stieß sie hervor.

Die Tierärzte sahen sie erstaunt an.

„Dachse?", fragte Jonas sie verwirrt.

Die Erinnerung war nun glasklar. „Sam und ich haben neulich einen verlassenen Dachsbau gesehen. Er liegt auch im Waldstück in der Nähe des Gästehauses. Könnte die Fuchsfamilie dort wohnen?"

Mr und Mrs Hope sahen sich nachdenklich an.

„Füchse leben tatsächlich manchmal in verlassenen Dachshöhlen", bestätigte Mrs Hope. „Das ist bequem. Warum sollten sie selbst Löcher graben, wenn jemand anders für sie schon die schwere Arbeit übernommen hat?"

Mr Hopes Augen strahlten. „Einen Versuch ist es auf jeden Fall wert", stimmte er zu. „Glaubt ihr, ihr findet die Stelle wieder?"

Sam nickte. „**Ganz sicher.**"

„**Super!**", sagte Mrs Hope. „Unser Freund Nick arbeitet in einem Wildpark ganz in der Nähe. Vielleicht kann er uns helfen."

„Dürfen wir auch helfen?", fragte Amelie hoffnungsvoll.

Mrs Hope lachte. „Ich habe so das Gefühl, dass euch niemand daran hindern kann!"

93

Ein glückliches Ende

„Das ist **unglaublich**", hauchte Amelie bewundernd. Sie standen neben einem Tarnunterschlupf, den Jonas' Mutter in der Nähe des verlassenen Dachsbaus errichtet hatte. Amelies Mutter und ihre Oma waren mitgekommen, um ihn sich anzusehen. Amelie fuhr mit der Hand über die rauen Holzbretter. In der Morgensonne glänzten die gestrichenen Bretter sattgrün und Lichtsprengel tanzten über das Tarnnetz, das über den Ver-

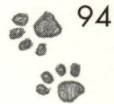 94

schlag drapiert war. Es gab einen Schlitz – wie in einem Briefkasten, nur etwas breiter –, damit man aus dem Unterschlupf nach draußen sehen konnte.

„**Danke**, Amelie", sagte Mrs Clary lächelnd.

Sie sah auf ihr Handy. „**Okay**, Mrs Hope schreibt, dass die Füchse auf dem Weg sind. Wir sollten uns jetzt verstecken."

Alle gingen in das Tarnversteck. Unterhalb des Fensterschlitzes gab es ein erhöhtes Trittbrett. Amelie, Jonas und Sam stellten sich darauf, um besser nach draußen sehen zu können. Amelies Mutter, ihre Oma und Jonas' Mama stellten sich dicht hinter ihnen auf. Sie waren ganz leise.

Es dauerte nicht sehr lange, dann hörte Amelie Schritte auf dem Waldboden. Durch den Fenster-schlitz sah sie drei Gestalten zwischen den Bäu-men näher kommen, die große Metallkäfige trugen. Der Morgen war noch kühl, Mr und Mrs Hope hatten sich deshalb warme Pullover und Mützen angezogen. Der andere Mann musste ihr Freund Nick aus dem Wildpark sein. Sein Bart

war braun und weiß
und irgendwie erinnerte
er Amelie an einen
Dachs. Sie stellten die
Transportkäfige vorsich-
tig vor dem Bau ab.

Sam stieß Amelie leicht an. **„Da sind sie!"**,
flüsterte er.

Nick gab den Tierärzten ein Zeichen mit dem
Kopf, daraufhin öffneten sie die Türen ihrer Käfige. Auch Nick öffnete seinen Transportkäfig.
Anschließend kamen die drei Erwachsenen gleich
zu ihnen in das Versteck.

„Jetzt müssen wir alle die **Daumen drücken**,
dass es auch klappt", flüsterte Nick.

Aus einem der Käfige spitzte eine schmale
Schnauze hervor. Amelie hielt den Atem an, als

der Fuchs heraustrat. Er hatte die Ohren gespitzt und schnupperte in die kühle Luft. Die Wunden an seinem Bein und seinem Ohr waren ver-heilt. Er bewegte sich ganz leichtfüßig und schnüffelte an den anderen Käfigen.

„Er muss **wahnsinnig froh** sein, wieder frei zu sein", dachte Amelie.

Die Füchsin kam nun auch aus ihrem Transport-käfig und sah sich neugierig um. Plötzlich starrte sie den Fuchs an. Er starrte zurück.

„Hoffentlich erinnern sie sich aneinander", murmelte Mrs Hope.

Die zwei trotteten aufeinander zu. Dann berühr-ten sich ihre Nasen. Ein warmes Glücksgefühl breitete sich in Amelie aus, als der Fuchs seinen

Kopf an die Füchsin schmiegte. Die Fuchsjungen
kamen nun ebenfalls aus dem Käfig und purzel-
ten übereinander. Das größte lief zum Eingang
des Dachsbaus und schnüffelte dort herum —
dann schlüpfte es hinein.

„Ihnen soll ihr neues Zuhause bitte gefallen",
flehte Amelie in Gedanken.

Die Füchsin folgte ihrem Jungen in die Höhle
und auch die anderen Jungen kamen nach. Als
Letzter betrat der Fuchs den Bau. Amelie sah sich
in ihrem Unterschlupf um. **Alle lächelten
glücklich** vor Erleichterung.

Die Fuchsfamilie lief rein und raus aus dem Bau.
Die Jungen spielten, tobten herum und streiften
durch das nahe Dickicht, während ihre Eltern
aufpassten. Amelie beobachtete sie und wünschte
sich noch mehr als zuvor, in der Tierklinik mithel-
fen zu dürfen — die wilden Tiere zu beobachten
war etwas ganz Besonderes. Jonas hob seine
Kamera und machte Fotos.

„**Wahnsinn!**", wisperte er und knipste immer
weiter.

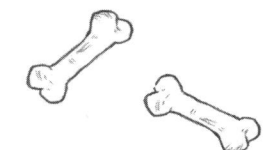
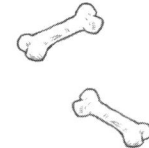

„Darf ich mal sehen?", fragte Amelie.

Jonas schüttelte grinsend den Kopf. „Du musst noch warten. Ich habe gerade das **perfekte Bild** für den Wettbewerb gemacht!"

Mehrere Tage waren vergangen, seit sie die Füchse umgesiedelt hatten. Die meiste Zeit hatten Sam und Amelie damit verbracht, Mac beizubringen, nicht an der Leine zu ziehen. Immer wenn er zu heftig zerrte, kehrten sie um und gingen zurück nach Hause — **egal** wie sehr Mac auch winselte oder wie bettelnd er sie ansah. Heute sollte die Foto-Ausstellung eröffnet werden und Amelie, Sam und ihre Familien waren auf dem Weg zur *Tierklinik Pfötchen*. Alle waren schon gespannt auf die Bilder. Amelies Mutter und ihre Oma unterhielten sich mit Sams Eltern. Mac trottete zwischen Sam und Amelie her.

„Er ist **so brav**", sagte Sam stolz. „Er zieht gar nicht mehr an der Leine."

Amelie tätschelte Macs Kopf. „Ich wusste, dass wir es ihm beibringen können", meinte sie. „**Gut gemacht**, Mac."

„Wenn es weiter so gut mit ihm klappt, erlauben Mama und Papa mir, ihn zu behalten", erzählte Sam.

Als sie die Tierklinik betraten, waren schon viele Leute im Wartezimmer, wo die Fotos ausgestellt wurden. Julia und Simon, der Arzthelfer, verteilten

Getränke. Der Raum war von Lachen und Gesprächen erfüllt. Amelie kannte einige Leute, unter anderem ihre Lehrerin Miss Hamid und Dr. Kent, der einen schicken Anzug trug. Nick, der im Wildpark arbeitete, winkte ihnen quer durch den Raum zu.

An den Wänden hingen Fotos, alle so groß wie Poster. Manche waren bunt und manche schwarz-weiß. Es gab Bilder von Hunden, Katzen, Hühnern und sogar von einer bärtigen Echse, die auf einem Stein saß und ihren stacheligen Hals zeigte.

Jonas stand mit seiner Mutter neben seinem Foto. Amelie riss staunend den Mund auf. Auf dem Bild waren zwei Fuchsjunge zu sehen, die auf den Hinterbeinen standen und spielerisch miteinander balgten. Die ersten morgendlichen

Sonnenstrahlten tauchten sie in ein goldenes Licht. Im Hintergrund sah man aus einem der Tunnelausgänge des Dachsbaus Fuchsaugen leuchten.

Amelie und Sam gingen zu Jonas. „Dein Foto ist **fantastisch**", sagte Amelie.

„**Echt supertoll!**", lobte Sam.

„**Danke!**" Jonas' Wangen wurden rot. „Dein Foto gefällt mir auch."

„**O ja**", sagte Sam.

Das Bild, das Amelie von Sam und Mac ge-

macht hatte, hing direkt neben Jonas' Foto. Sam und Mac schienen in die Kamera zu lachen, Wassertropfen flogen wild um sie herum.

„Mac wird noch berühmt", sagte Amelie lachend. „Und du auch, Sam!"

„Ähem", räusperte sich da eine tiefe Stimme. Amelie und Sam drehten sich um. Mr Fred stand hinter ihnen.

„Ich, äh ... schulde Mac noch eine Entschuldigung", sagte Mr Fred. Er kratzte sich verlegen den Bart. „Deine Eltern haben mir das Bild von den Füchsen mit meinen Handschuhen gezeigt. **Tut mir leid**, dass ich deinen Hund beschuldigt habe, Sam. Nur ... Also, es sah eben so aus, als ob ..."

„Schon gut", meinte Sam.

„**Gut.**" Mr Fred beugte sich vor und streichelte Mac unbeholfen. Mac bellte und leckte seine Hand.

„Machen Sie auch bei dem Wettbewerb mit?", fragte Amelie.

Mr Fred lief rot an. „Das mache ich tatsächlich", antwortete er. „Das da drüben ist meins."

Er zeigte auf ein Foto von drei flauschigen
Entenküken, die über den Dorfteich paddelten.
Amelie biss sich auf die Lippe, um nicht zu grin-
sen. Ich glaube, Mr Fred ist gar nicht so gemein,
wie er immer tut.

Ein Mikrofon quietschte und im Raum wurde es
leise.

„**Willkommen** beim Foto-Wettbewerb der
Tierklinik Pfötchen", sagte Mrs Hope. Sie stand

vor dem Empfangstresen und hielt ein Mikrofon in der Hand. „Wir sind sehr begeistert von den fantastischen Fotos, die unsere Wände schmücken. Für meinen Mann und mich war es sehr schwer, die Gewinner auszuwählen. Der erste Preis für das lustigste Foto geht an ... Amelie Hayland und Sam Baxter!"

Amelie und Sam jubelten. Sam knuddelte Mac stolz, während Amelie sich ihren Preis bei Mr Hope abholte – ein Hundepflegeset für Mac. Den Preis für das ungewöhnlichste Foto wurde an die bärtige Echse verliehen. Mr Fred strahlte beim Applaus für seine Entenküken, die als niedlichstes Foto ausgezeichnet wurden.

„Und zum Schluss", sagte Mrs Hope, „der Preis für das beste Foto. Alle Bilder hier sind **wunderschön**, aber das von unserem Hauptsieger ist

etwas ganz Besonderes. Mit Freude verkünde ich
den Sieger ... Jonas Clary!"

Jonas' Gesicht wurde so rot wie seine Haare,
als alle laut klatschten. Amelie **jubelte begeis-**

tert, als er von Mrs Hope das Preisgeld überreicht bekam. Mr Hope steckte eine Gewinnerschleife an das Foto.

„Was machst du mit deinem Preisgeld?", wollte Sam wissen. „Kaufst du dir eine neue Kamera?"

Jonas schüttelte den Kopf. „Ich weiß noch etwas Besseres." Er wandte sich an die Tierärzte. „Darf ich meiner Mutter Karamell und die Kätzchen zeigen?"

„Natürlich darfst du", sagte Mr Hope. „Amelie und Sam, bringt ihr sie zu ihnen?"

Amelie und Sam führten Jonas und seine Mutter durch eine Tür in den Raum im hinteren Teil der Klinik. Karamell blinzelte sie an und rollte sich faul auf die Seite. Die vier Kätzchen stupsten mit ihren Pfoten schon gegen die Käfigtür, als Amelie diese öffnete.

„Oh, sind die **niedlich**", sagte Jonas' Mutter.

Jonas nahm den rot-orangefarbenen Kater hoch. Er schnurrte sofort und kuschelte sich in seine Hände.

„Mama hat erlaubt, dass ich ihn adoptiere", erzählte er und streichelte über das Katzenköpfchen.

„**Wirklich?** Das ist ja **fantastisch**!", freute Amelie sich.

„Ich mochte das kleine Kerlchen von Anfang an", erklärte Jonas. „Er erinnert mich an die Füchse. Außerdem war er der Einzige, der keine Angst vor meiner Kamera hatte. Ich werde von meinem Preisgeld alles kaufen, was er so braucht. Einen Korb und Katzenspielzeug und so."

„**Cool!**", sagte Sam. „Wie willst du ihn nennen?"

Jonas lächelte. „Blitz, natürlich."

„Was für eine **tolle Woche**", dachte Amelie glücklich, während Sam und sie Karamell und die anderen Kätzchen streichelten. Jonas und seine Mutter spielten mit Blitz. Sie hatten einen verletzten Fuchs gerettet, für seine Familie einen neuen Bau gefunden und einem Kätzchen ein neues Zuhause verschafft. Jetzt musste nur noch ein Kätzchen vermittelt werden.

„Wir haben Mr und Mrs Hope versprochen, für alle vier Kätzchen ein Zuhause zu finden, und das werden wir auch schaffen", dachte sie. Und dann lassen sie Sam und mich vielleicht jeden Tag hier helfen ...

Welches Abenteuer sie in der Tierklinik wohl als nächstes erleben würden? Ihr Gefühl verriet ihr, dass sie nicht lange darauf warten mussten!

Tierklinik Pfötchen

Hilfe für den kranken Welpen

Leseprobe

Julia streckte ihren Kopf zur Tür herein. „Ein neuer Patient ist gerade gekommen", berichtete sie den Tierärzten. „Jana Adams hat ihn hergebracht. Ich glaube, ihr solltet euch beeilen."

Die beiden Tierärzte gingen schnell hinüber ins Behandlungszimmer. Amelie und Sam folgten ihnen und linsten vorsichtig hinein.

Eine Frau in einem karierten Hemd, sie musste Jana Adams sein, hatte einen Welpen auf dem Arm. Der Kleine ruhte mit dem Kopf auf Janas Arm und sah aus trüben Augen auf den Boden. Er atmete hechelnd und seine Flanken zitterten.

„Der Welpe gehört nicht mir", erklärte Jana. „Ich habe die kleine Hündin auf dem Rastplatz an der Autobahn gefunden. Sie ist einfach so über den Parkplatz spaziert. An ihrem Halsband ist keine Marke, deshalb habe ich sie hergebracht."

„Das war **richtig**", sagte Mrs Hope und nickte.

Vorsichtig legte Jana die kleine Hündin auf den Untersuchungstisch. Sie winselte traurig. Mr Hope strich mit den Händen über ihren Kopf, an den Beinen entlang, über ihren Rücken und die Seiten. „Keine gebrochenen Knochen", stellte er fest. Als er ihren Bauch abtastete, runzelte er die Stirn. „Ich spüre hier etwas. Wir müssen eine Röntgenaufnahme machen. Kann sein, dass sie operiert werden muss."

„Oh, du Arme", sagte Jana und streichelte der Hündin die Ohren.

„Finden wir heraus, wem du gehörst", meinte Mrs Hope. Sie führte einen Stab nah am Körper des Welpen entlang. Das war das Mikrochip-Lesegerät. Amelie wartete darauf, dass es piepste, aber das tat es nicht. **„Oje"**, sagte Mrs Hope. „Sie trägt keinen Mikrochip. Dann wird es schwierig, ihren Besitzer zu finden. Eine Streunerin ist sie, glaube ich, nicht. Sie sieht gut genährt aus."

„Aber Sie können ihr doch trotzdem helfen, oder?", fragte Amelie.

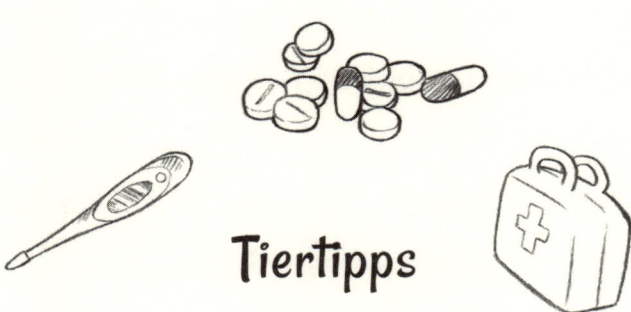

Tiertipps

Liebst du Tiere so sehr wie Amelie und Sam? Hier sind ein paar Tipps, wie du dich am besten um Tiere kümmerst.

Tierpflege

1. Tiere brauchen immer **frisches Wasser**.

 120

2. Sie brauchen auch **Futter** –
   frage deinen Tierarzt, welches
   Futter das richtige ist und wie viel
   das Tier benötigt.
3. Manche Tiere, so wie Hunde, brauchen
   jeden Tag genug **Bewegung**.
4. Tiere brauchen auch viel **Liebe**. Du solltest
   immer sehr lieb zu deinem Haustier sein und
   darauf achten, dass du nichts tust, was es
   verletzen könnte.

Wann zum Tierarzt?

Manchmal werden Tiere krank. So wie
du werden sie meistens von allein
wieder gesund. Aber wenn sich dein

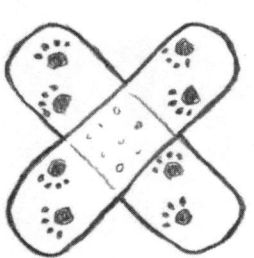 Haustier **verletzt** hat oder es ihm schlecht geht, musst du mit ihm zum **Tierarzt** gehen. Manche Tiere müssen auch **geimpft** werden, damit sie keine schlimmen Krankheiten bekommen. Dein Tierarzt kann dir erklären, was dein Haustier braucht.

Wildtieren helfen

1. Frage immer zuerst einen Erwachsenen um Erlaubnis, bevor du dich einem fremden Tier näherst.
2. Wenn du einen verletzten Vogel oder ein anderes Tier findest, das sich nicht bewegen kann, fasse es nicht an.

 122

3. Wenn du dir Sorgen um das Tier machst, kannst du dich an den **Naturschutzbund** (NABU) wenden.

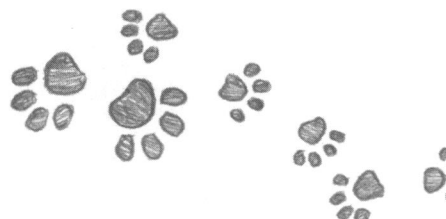

Das will ich lesen!

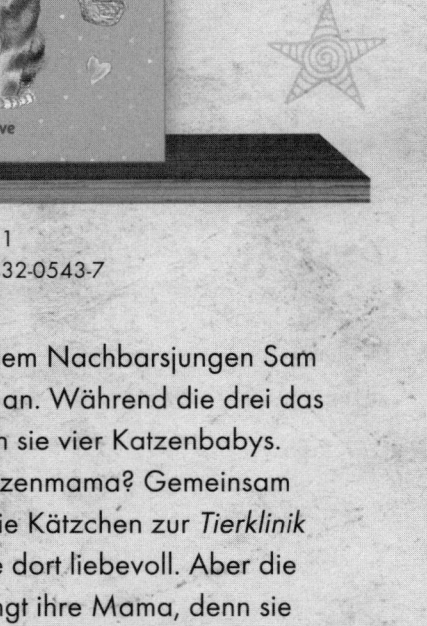

Band 1
ISBN 978-3-7432-0543-7

Amelie freundet sich mit dem Nachbarsjungen Sam und seinem frechen Welpen an. Während die drei das Dorf erkunden, entdecken sie vier Katzenbabys. Doch wo ist nur die Katzenmama? Gemeinsam bringen Amelie und Sam die Kätzchen zur *Tierklinik Pfötchen* und umsorgen sie dort liebevoll. Aber die Kleinen brauchen unbedingt ihre Mama, denn sie sind schon ganz schwach vor Hunger …

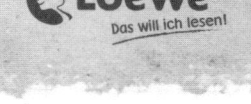

Loewe
Das will ich lesen!

Das will ich lesen!

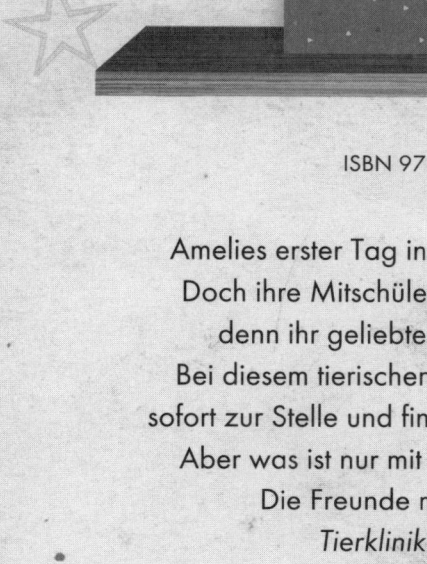

Band 2
ISBN 978-3-7432-0544-4

Amelies erster Tag in der neuen Schule steht bevor.
Doch ihre Mitschülerin Isa ist ganz unglücklich,
denn ihr geliebtes Kaninchen ist ausgebüxt.
Bei diesem tierischen Notfall sind Amelie und Sam
sofort zur Stelle und finden das Haustier schon bald.
Aber was ist nur mit dem süßen Kaninchen los?
Die Freunde müssen es schnell in die
Tierklinik Pfötchen bringen!

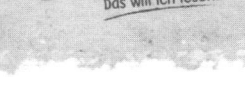

Das will ich lesen!